Introduction

Amongst some of the greatest challenges faced with u   ..ianding written Ìgbò is the fact that Ìgbò was first written by a non-native speaker. In addition, written Ìgbò differs markedly from spoken Ìgbò and there has not been much work done to advance and enhance the delivery of the Ìgbò language to a younger generation of non-native speakers.

In the Ìgbò language, there are different words that describe the same thing due to the existence of several dialects. So, when people ask, "what is the Ìgbò word for....?" I am often confounded because there are so many variables. It is vital to note that dialects are often formed from differing letters, prefixes and suffixes attached to a verb stem. The most common variations are;

     n/l,   r/l,   h/f/r/v/wh,   ra/re/lụ   s/sh/ch/th

In most cases therefore, all that is required to attain the desired dialect is a simple substitution.

The underrepresentation of major Ìgbò dialects in the available learning resources lends to the reluctance of some parents to purchase these resources for their children. This book strips Ìgbò to its basics. It shows sentence structure, albeit in different Ìgbò dialects. It omits any use of colloquialism that has found its way into every day speech.

Absolute beginners should read "An introduction to Ìgbò alphabetical phonetics" before using this book.

For Ìgbò lessons, contact ńmuta educational services at
    icu.nmuta@gmail.com

Igbo dialects

A dialect is a version of a language that is phonologically different from other versions. It is often but not always defined by geographical location. Ìgbò is a complicated language with several dialects dispersed within Enugu, Anambra, Imo, Abia, Ebonyi, Rivers and Delta States in Nigeria.

Some regional dialects are listed below.

1 – north east (afikpo/ezza/izzi/ikwo)
2 - north (nsukka/agbaja/enugu/awgụ)
3 – north west (enuanị/nnewi/awka)
4 – central (izugbe/owerri/ụmụahịa
5 - south east (ngwa/arọ/abịrịba/bende)
6 – south (ikwerre/ogba)
7 - south west (ukwanị/aboh/ndoni)
8 - ika

Ẹtiti Ìgbò(4,5)   Waawà(1,2)   Ágbaẹnu(3)

This book will focus on highlighting the three dialect clusters above in a generalised format, because almost all versions of Ìgbò have a phonological similarity to the dialects in groups 1-5, due to a migration led dispersal of phonemes. It will be very difficult to represent each dialect in this book.

How to use this book

The information in this book has been tabulated to show direct translations of Igbo words to English, so that the learner will learn the true meaning of these words as opposed to their implied English meanings. In the sentence below "come let us do". The verb "do" could be replaced with any other verb like eat/go/talk/drink/call/wash/chew/greet e.t.c . A noun/pronoun or adjective usually completes the sentence, however these will be omitted in the examples given in this book unless they are necessary for further explanations.

"Bia ka anyị rie ńri – come let us eat food".

Verb tense

Come	let	us	do	eat	go	talk
Bia	ka	anyị	**me**e	**ri**e	**ga**a	**kpa**a
Bia	ka	anyị	**me**e	**li**e	**je**e	**karị**a
Bia	k'	ayị	**me**e	**li**o	**je**e	**kalrị**ọ
Bia	ke	enyị	**me**e	**lri**o	**ge**a	**kpe**a

"come let us greet" – "bia ka anyị **kene**e"
the suffix "e" is added to denote that an instruction has been issued.

Ńdẹwo! Aha mụnwa bụ Ijeoma.

This is a greeting.   Ihe a bụ ekene.

The prefix "e" changes the verb "**kene**-greet" to "e**kene**-greeting".
Kene/kele/kere are dialect variations of greet.

Greetings

welcome : ńnọ/ńnọọ
hello   : ńdẹwo/ńdee/ńdaa/ńdịị/kedụ/olia/olee
name   : aha/eha/awha/ewha/afa/efa
me   : mụ(the shortened form of mụnwa)/ mị
is   : bụ/wụ/vụ

Hello! My name is Ijeoma.

Ńdẹwo!   Aha   mụ bụ Ijeoma.

Hello!   Name me is Ijeoma.

Practice introducing yourself in Igbo by
inserting the appropriate Igbo words in
the blank spaces.

--------------! ---------- ----- ------- ----------------------

well-done :   deeme/deeje/daalụ/daalr/daarụ

Gender (singular)

Baby   : nwa/ńnwa amụrụ/amụlụ (ọfụrụ/ọhụrụ/ọfụlụ/ọfụụ/ọwhụụ)

Boy   : nwanwaoke/ nwanwaoko/ wawaoke

Girl   : nwanwaanyị/ wawaaya/ nwańaańị

Child   : nwatakịrị /nwańtakịrị/nwatakịlrị/ nwatakịlị

Man   : nwaoke/nwaoko/waoke

Woman : nwaanyị/waaya/ńaańị

Young   : nwata /agbọghọbia (female) /okoroọbia(male)

Adult   : okenye/ọgalanya/ọgaranya/agadị/agadtzị (old person)

Mother : ńne/ne

Father   : ńna

Grand   : father-(ńnaochiẹ/papa ńnukwu)

            mother-(ńneochiẹ/mama ńnukwu)

I am a woman.

Ḿ bụ nwaanyị.

I am woman.

A bụ mụ nwaanyị.

am me woman.

Version used,
is dependent
on native dialect.

Practice writing a sentence about your gender in Igbo by inserting the appropriate Igbo words.

Gender (singular)

...about someone else.

Ọ = It /he/ she

She is an adult.

Ọ bụ okenye.

He is a new born baby.
Ọ bụ nwa amụrụ ọfụrụ.

Practice writing a sentence about someone else's gender in Ìgbò , by inserting the appropriate Ìgbò words.

He is a boy.

She is a girl.

It is a man.

Have you noticed that English grammatical articles
i.e. / **a** / **an** / **the** / <u>do not exist</u> in Igbo?

Gender (plural)

Babies   : ụmụ amụrụ/amụlụ (ọfụrụ/ọhụrụ/ọfụlụ/ọfụụ/ọvụụ/ọwhụụ)

Boys   : ụmụaka ụmụnwaoke/ ụmụaka ụmụnwaoko

Girls   : ụmụaka ụmụ(nwaanyị/waaya/ṅaaṅị)

Children : ụmụaka/ụmụ́takịrị/ụmụ́tịkịlị/ụmụ́tịlrị/ụmụazị

Siblings   : ụmụ́ne/ụmụnwaṅne/ụmụne

Men   : ụmụnwaoke/ ụmụnwaoko/ ụmụwaoke

Women   : ụmụnwaanyị/ ụmụwaaya/ ụmụṅaaṅị

Mothers : ńdị ńne/ ńd' ńne

Fathers : ńdị ńna/ńd' ńna

Adults   : ńdị okenye/ńdị agadị/ńdị agadtzị

Ancestors : ńdị ńnańna /ńdị ńnaochię

> We   : anyị
> They : ha/fa

Practice writing a sentence about someone else's gender in Igbo, by inserting the appropriate Igbo words.

We are children.

------ bụ ------------------------

They are fathers.

------- bụ --------------------------

They are adults.

NOUN

AHA

(A person, place or thing.)

Nouns are known by different names in Igbo. In the table below, A,B,C,D,E are generic names whilst X are the names of the specific nouns. For example, Enuugwu is a place. Place is (ebi/ebe/ibe/ńk'/ńga) in different dialects.

A	B	C	D	E
place	fruit	animal	thing	person
ebi	ḿkpụrụ	alụmalụ	ihe	onye
ebe/ibe	ḿkpụlụ	anụmanụ	ife	oye
ńk'/ńga	ḿkpụlrụ	an'man	ive	

X -: Ẹnuugwu / Akwụ/   Ụsụchị/   Uli/   Chinweńdụ.

You can write your own dialect by inserting the appropriate nouns in the sentences below.

There is a ----A-E------ that is called -----X------

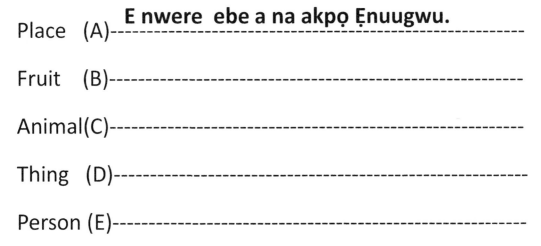

E nwere   -------------- a na akpọ -------------

E nwelụ   -------------- a na akpọ -------------

E wel'   -------------- a n'ẹk   -----------

E nwere = "there has" is equivalent to the English there's.

Place (A)--**E nwere ebe a na akpọ Ẹnuugwu.**-------------------------

Fruit   (B)---

Animal(C)---

Thing (D)---

Person (E)---

PRONOUN

ŃNỌCHI

AHA

(Pronouns take the place of a noun. They are non gendered, they could be male, female or inanimate objects.)

The shortened versions of the pronouns
mụnwa/mụwa/hanwa/hawa/fanwa/wanwa/
anyịnwa/ununwa/gịnwa/nyanwa/yanwa
will be used through out this book.
Nwa means person.

PERSONAL PRONOUNS

English	I am	I am doing	I did
Igbo	**Abụ mụ**	**Ana mụ** eme	**Emelụ mụ**
Direct translation	Being me	Being me doing	Does me

IMPORTANT!!!

The English pronoun "**I**" does not really exist in Igbo. A/E are prefixes that precede and change the verb "bụ-be" to its present tense "abụ-being". In some literature, they are separated from the verb as in "a bụ mụ" in order to emphasise the syllabic structure of the sentence. **Ḿ/Ń** may be considered to be a form of the English "**I**", however they actually mean "me". Try to say "I am a writer", "I am writing".

   Abụ mụ : Describes you! "Abụ mụ odee akwụkwọ".

   Ana mụ : Describes what you are doing! "Ana mụ ede akwụkwọ".

Pronoun "I"   Verb tense

	am	me	doing	washing	going	calling
Ḿ	la		eme	asa	aga	akpọ
Ń	na		eme	asa	eje	akpọ
A	na	mụ	eme	asa	aga	akpọ
A	n'	m'	eme	asa	eje	ẹk'
E	n'	m'	eme	esa	ega	ẹk'

Combine the pronoun with the verbs do/wash/go/call, to form sentences.

Pronoun			Verb tense			
Come	**let**	**us**	**do**	**eat**	**go**	**talk**
Bia	ka	**anyị**	mee	rie	gaa	kpaa
Bia	ka	**anyị**	mee	lie	jee	karịa
Bia	k'	**ayị**	mee	lio	jee	kalrịọ
Bia	ke	**enyị**	mee	lrio	gea	kpea
Bia	kpa	**anyị**	mee	lrie	gaa	kọlrịọ

Pronoun		Verb tense			
We	**are**	**doing**	**washing**	**going**	**calling**
Anyị	na	eme	asa	aga	akpọ
Anyị	la	eme	asa	aga	akpọ
Anyị		mega	saga	gaje	kpọga
Ayị	n'	eme	asa	eje	ek'
Enyị	n'	eme	esa	ega	ek'
Enyị	l'	eme	esa	egha	ek'

Pronoun   "We are eating our food"   **Pronoun**

We	**are**	**eating**	**food**	**our**
Anyị	la	eri	nri	**anyi**
Anyị	na	eli	nni	**anyi**

Pronoun

Me	and	you	are	doing	washing	going	talking
Mụ	na	gị	na	eme	asa	aga	akpa
Mụ	na	ńgị	na	eme	asa	aga	akpa
Mị	la	ṭgị		mega	saga	gaje	kpaga
Mị	la	ṭgị	la	eme	asa	eje	akọlrị
M'	na	gh	n'	eme	asa	eje	akalrị
Mụ	na	yị	na	eme	asa	aga	akpa
Mụ	ne	gụ	ne	eme	esa	ega	ekpa

Me - **mụnwa/amị** often shortened to "**m**" in literature to incorporate both silent and absent vowels that have resulted from vowel elimination.

talking

Ị kpa/kalrị means to converse.

I kwu means to speak.

> Ị/I could be "**you**" or "**to**" or used as a **prefix**.

Pronoun   Verb tense

You	are	doing	washing	going	writing
Ị/I	na	eme	asa	aga	ede
Ị/I	la	eme	asa	eje	ede
Ị/I	n'	eme	asa	eje	ede
Ị/I	ne	eme	esa	ega	ede

Pronoun	can/ may	do	wash	go	enter
You people	Verb				
Ulu	nwereike	i me	ị sa	ị ga	ị ba
Unu	nwelụike	i me	ị sa	ị ga	ị ba
Unu	welike	i me	ị sa	i je	i pie
Unu	welrike	i me	ị sa	i je	i pio
Unu	nweike	mee	saa	gaa	baa

*Unu comes before the verb. **Nu/Nụ** comes after the verb.*

Nwere **nu/nụ** nwanyọ na ẹkwu okwu.
You people should speak quietly.

Unu nwe ike i me.
You people have strength to do.

Notice that nwe is missing the lects
formed by the suffixes (re/ra/lụ/rụ/l'/lr)

Pronoun				Verb			
They	are	waiting	to	do	wash	go	recite
Ha	la	eche	i/ị	me	sa	ga	gụ
Fa	na	eche	i/ị	me	sa	je	gụ
Ha	n'	eche	i/ị	me	sa	je	gụ
Wa	n'	eche	i/ị	me	sa	ga	gụ
We	l'	eche	i/ị	me	sa	ge	gụ

Pronoun　　　　　　　　　　　　Verb tense

They	are	doing	washing	going	reading
Ha	la	eme	asa	aga	agụ
Fa	na	eme	asa	eje	agụ
Wa	n'	eme	asa	aga	agụ
Wọ	l'	eme	asa	aga	agụ
Va	n'	eme	asa	eje	agụ
Ve	n'	eme	asa	eje	agụ
Ha	n'	eme	asa	eje	agụ
He	n'	eme	esa	ega	egụ

Pronoun　　　　　　　　　　　　Verb tense

Tell	them	them(to)	do	eat	go	call
Gwa	**ha**	ha	mee	rie	gaa	kpọọ
Gba	**ha**	ha	mee	rie	gaa	kpọọ
Gwa	**fa**	fa	mee	lie	jee	kpọọ
Gwa	**wa**	wa	mee	lia	gaa	kpọọ
Gwa	**ha**	ha	mee	lio	Jee	kpọọ
Gwa	**he**	he	mee	lrio	gea	kpọọ

Pronoun

Verb tense

She	is	doing	pounding	going	sewing
Ọ	la	eme	asụ	aga	akwa
Ọ	na	eme	asụ	eje	akwa
Ọ	n'	eme	as'	eje	akwa
Ọ	n'	eme	es'	ega	ekwa

Pronoun

Verb tense

She	is	returning	today
Ọ	la	a-la(lo/lọ)	ṭaa/ ṭa
Ọ	na	a-na	taata
Ọ	l'	a-wa	ṭaṅya/ ṭan'
Ọ	n'	a-whya	ṭaṁma/ ṭaṅwa

Pronoun

Verb tense

Tell	her	her(to)	do	pound	go	sew
Gwa	**ya**	ya	mee	sụọ	gaa	kwaa
Gwa	**nya**	nya	mee	sụọ	jee	kwaa
Gwa	**a**	ya	mee	sụọ	Jee	kwaa
Gwa	**e**	ya	mee	sụọ	Jee	kwae
Gwa	**ye**	ye	mee	sụọ	ge'	kwee

Pronoun		Verb tense			
He	**is**	**doing**	**bursting**	**narrating**	**cooking**
Ọ	la	eme	ẹtiwa	akọ	ẹsi
Ọ	na	eme	ẹtiba	akọ	ẹsi
Ọ	n'	eme	ẹtibe	akọ	ẹshi
Ọ	n'	eme	ẹtiwe	akọ	ẹshi

Pronoun			Verb tense			
Tell	**him**	**him (to)**	**do**	**break**	**narrate**	**wait**
Gwa	**ya**	ya	mee	kụwaa	kọwaa	chere
Gwa	**nya**	nya	mee	kụwaa	kọwaa	chelụ
Gwa	**a**	ya	mee	k'waa	kọwaa	chel'
Gwa	**e**	ye	mee	k'wae	kọwae	chelr'
Gwa	**ye**	ye	mee	k'waa	kọwee	chelr'
Gba	**ya**	ya	mee	kụwaa	kọwaa	chere

Pronoun		Verb tense			
It	is	done	cracked	narrated	cooked
Ọ/O		meela	gbawaala	kọwara	siri
Ọ/O		meena	gbawaana	kọwaa	silụ
Ọ/O		mego	gbawago	kọwalu	shil'
Ọ/O		mewo	gbawawo	kọwalr'	shiel'
Ọ/O		mema	gbawama	kọwama	shima

o me-e-la - it has happened – it is done.
o mere - It happened

Verb tense					pronoun
do	break	narrate	cook	smell	it
mee	kụwaa	kọwaa	sie	sie	ya
mee	kụwaa	kọwaa	sie	sie	nya
mee	k'waa	kọwaa	shi	shi	e/a/o
mee	k'waa	kọwaa	shie	shie	ye

DEMONSTRATIVE PRONOUNS

This comb is ours.

Comb	this	is	own	our
Ḿbọ	a	wụ	ńke	anyị
Ńra	a	bụ	ńke	anyị
Ḿvọ	ńwa	bụ	ńke	ayị
Ḿvọ	ọwa	bụ	ńke	ayị
Ńvọ	n	bụ	ńke	enyị

That is our comb.

Comb	that	is	own	our
Ḿbọ	ahụ	wụ	ńke	anyị
Ńra	afụ	bụ	ńke	anyị
Ḿvọ	anwa	bụ	ńke	anyị
Ḿvọ	awa	bụ	ńke	ayị
Ḿvọ	avụ	vụ	ńke	ayị
Ḿvọ	ọgh/ọhụ	bụ	ńke	ayị
Ḿvọ	ẹnii	bụ	ńke	anyị
Ńvọ	n	bụ	ńke	enyị

May I take these hats?				Interrogative- should/may
Interrogative	**me**	**take**	**hats**	**these**
Ọọ	mị	nwere	okpu	**ńrịa**
Ọọ	mụ	nwelụ	okpu	**ńdịa**
Ọọ	m'	wel'	okpu	**ńd'ńwa**
Ọọ	m'	wel'	okpu	**ńd'ọwa**
Ọọ	m'	welr'	okpu	**ńd'n**

Those hats are ours.				
Hat	**those**	**are**	**own**	**our**
Okpu	**ńdịahụ**	wụ	ńke	anyị
Okpu	**ńdịafụ**	bụ	ńke	anyị
Okpu	**ńd'ọgh**	bụ	ńke	ayị
Okpu	**ńd'ọọm**	bụ	ńke	enyị

> **These ones - ńdịńke a**
> **Those ones - ńdịńke ahụ**

Question	Answer
Kedụ okpu ńdịńke ọ?	Ńdịńke a.
Which hat ones?	Ones this.

INTERROGATIVE PRONOUNS

Most interrogations in Igbo begin with a **noun clause.**

noun clauses	Direct translation	interrogative
kedụ ńke	Which one	which
kedụ ẹtu/otu	Which way	How
otu/etu one/ole	Way how	
kedụ ka	How is/are/did	
kedu one/ole	Which extent	How many/much
kedụ onye	Which person	Who
kedụ ńgbe	Which period	When
kedụ ihe/ife	Which thing	Why/what
kedụ ebe	Which place	Where
kedụ na	Which in/did	
Na ebee	In place	

kedụ could be swapped with ńdee/ńdaa/ńdịị/olee/elee

Which hat is it?				
Which	**hat**	**own**	**it**	**is**
Kedụ	okpu	ńke	ọ	bụ
Olee	okpu	ńke	ọ	wụ
Ńdee	okp'	ńke	ọ	bụ
Ńdịị	okp'	ńke	ọ	bụ

Whose hat is this?

Who	have	hat	this
Onye	nwe	okpu	a
Onye	nwe	okpu	wa
Onye	nwe	okpu	anụwa
Oye	we	okp'	ńwa
Oye	we	okp'	n

Where is it?

Pay attention to pronoun and verb positions, hence you can substitute any pronoun or verb in the sentence.

Which	place	it	is
Kedụ	ebe	ọ	dị
Olee	ńga	ọ	rị
Ńdee	ńk'	ọ	d'
Ńdịị	ibe	ọ	d'
Where	**did**	**it**	**be**
Ebee	ka	ọ	dị

When will we go?

Which	time	we	will	going
Kedụ	oge	anyị	ga	eje
Olee	ḿgbe	anyị	ga	aga
Ńdee	ḿgbe	ayị	k' eji (will using)	eje
Ńdịị	ḿgb'	ayị	k'	eje

Where is my hat?

Which	place	hat	me	is
Kedụ	ebe	okpu	mụ	dị
Ńdee	ńk	okp'	mụ	d'
Ńdịị	ibve	okp'	mụ	d'
Ńdịị	ibe	okp'	m'	d'
Ńdaa	ibe	okpu	mụ	rị
Olee	ẹbi	okpu	mị	rị
Olee	ńga	okpu	mị	rị

Where is my hat?

Where	be	hat	me	is
Ebee	ka	okpu	mụ	dị
Ebee	ka	okpu	mụ	rị
Ebee	bụ	okpu	mụ	d'

These hats belong to whom?

Hats	these	they	are	own	who
Okpu	ńrịa	a	wụ	ńke	**onye**
Okpu	ńdịa	a	bụ	ńke	**onye**
Okpu	ńd'ńwa	a	bụ	ńke	**oye**
Okpu	ńd'n	a	bụ	ńke	**onye**

Who owns this hat?

Who	have	hat	own	this
Onye	nwe	okpu	ńke	a
Onye	nwe	okpu	ńke	e
Oye	we	okp'	ńke	ne
Oye	we	okp'	ńke	ńwa
Oye	we	okp'	ńke	n

Why did he take this hat?

"Ji is used to explain reason"

Which	thing	he	use	take	hat	own	this
Kedụ	Ihe	o	ji	were	okpu	ńke	a

What is this thing?

What	is		thing	this
Gịnị	bụ		ihe	a
Gịnị	bụ		ife	a
Nịnị/ngịị	wụ		ihe	le
Gịrị/ngịrị	wụ		ifwe	e
Nụnụ	wụ		ibve	n
G'n'	bụ		ihe	ńwa
Gụnụ	bụ		ive	ńwe

Ọ is sometimes added as a prefix to intensify the question.

Ọgịnị bụ ihe a?

INDEFINITE PRONOUNS

| We are all. | | | Verb tense | | |

We	all	are	doing	washing	going
Anyị	**niile**	la	eme	asa	aga
Anyị	**ńcha**	na	eme	asa	eje
Anyị	**dum**		mega	saga	gaje
Anyị	**liile**	l'	eme	asa	aga
Ayị	**niine**	n'	eme	asa	eje
Enyị	**niine**	n'	eme	esa	ega

| Some of them… | | Verb tense | | |

Some	are	doing	washing	going
Ụfọdụ	la	eme	asa	aga
Ụfọdụ	na	eme	asa	eje
Ụfọdụ		mega	saga	gaje
Ụhọdụ	n'	eme	asa	eje
Ụwhọdụ	n'	eme	esa	ega

* Some of them - Ụfọdụ na ime ha.

Many amongst them are.

Many	that	inside	them	are	doing	washing	going
Ọtụtụ	la	ịme	ha	na	eme	asa	aga
Ọkọtọ	na	ịme	fa	na	eme	asa	eje
Ụtụtụ	la	ịme	ha		mega	saga	gaje
Ọkọtọ	n'	ịme	ha	na	eme	asa	eje
Ọkọtọ	n'	ịme	ha	na	eme	esa	ega

Whichever it is , I don't mind.

Whichever	it	is	haven't	me	problem
Ńkeọwụla	ọ	wụ	enweghị	mị	ńsogbu
Ńkeọbụna	ọ	bụ	enwerọ	mụ	ńsogbu
Ńkeọbụna	ọ	bụ	eweịgh	mụ	ńsogbu
Ńkeọbụna	ọ	bụ	eweho	m'	ńsogbu

Whichever	it	is	seeks-out	not	me
Ńkeọbụla	ọ	bụ	achọpụta	ghị	mụ
Ńkeọbụna	ọ	bụ	achọpụta	rọ	mụ
Ńkeọbụna	ọ	bụ	achọfụta	gh'	mụ

Iheọbụna	-whatever/anything	Ebeọbụna	-wherever/anywhere
Ihe niine	-everything	Ebe niine	-everywhere
Onyeọbụna	-whoever/anyone	Ogeọbụna	-whenever/every time
Ḿmadụ ọbụna	-anybody	Ḿgbeọbụna	-whenever/always
Ḿmadụ niine	-everybody	Ḿgbe niine	-every period/always

POSSESSIVE PRONOUNS

Will we harvest **yours** or **mine?**

We	willing	harvesting	own	you	and it is	own	me
Anyị	aga	abụta	ńke	gị	maọbụ	ńke	mụ
Anyị	aga	abụtga	ńke	ṭgị	maọbụ	ńṭge	mị
Anyị	aya	abụta	ńke	yị	maọbụ	ńke	mụ
Ayị	ak'	avụta	ńke	gh	maọbụ	ńke	m'
Enyị	ega	ebụta	ńke	gụ	maọbụ	ńke	mụ

We will harvest y**ours** and **mine.**

We	will	harvesting	own	you	and	own	me
Anyị	ga	abụta	ńke	gị	ma	ńke	mụ
Ayị	ka	avụta	ńke	gh	n'	ńke	m'

These books are **yours(collection of people).**

Book	these	are	own	You people
Akwụkwọ	ńdịa	bụ	ńke	unu
Akwụkwọ	ńrịa	wụ	ńke	ulu
Akwụkwọ	ńd'ńwa	bụ	ńke	unu
Akwụkwọ	ńd'n	bụ	ńke	unu

This is **theirs**.

Thing	this	is	own	their
Ihe	a	wụ	ńke	ha
Ife	a	bụ	ńke	fa
Ihe	wa	bụ	ńke	wa
Ihe	e	wụ	ńke	he
Ahe	e	wụ	ńke	he
Ihe	ńwa	bụ	ńke	ha
Ive	ńwe	vụ	ńke	va
Ife	ńwa	wụ	ńke	wa
Hwe	ńwe	bụ	ńke	he
Ifwe	e	vụ	ńke	ve
Ihe	n	bụ	ńke	he

The house is **ours**.

House	is	own	our
Ụlọ	wụ	ńke	anyị
Ụnọ	bụ	ńke	anyị
Ụyọ	bụ	ńke	ayị
Ụlwe	wụ	ńke	enyị
Uwo	bụ	ńke	enyị

28

REFLEXIVE

PRONOUNS

pronoun	verb tense			pronoun
He	did	washed	barbed	himself
Ọ/O	mere	sara	kpụrụ	**onweya**
Ọ/O	melụ	salụ	kpụlụ	**onweya**
Ọ/O	mel'	sal'	kpụl'	**oweeye**
Ọ/O	melr'	salr'	kpụlr'	**onwẹnye**

onwemụ	onweha	onweya

Ralchukwu and Ikenna are talking to themselves.

Ralchukwu na Ikenna na akarịtara -----------------

I am talking to myself.

Ana mụ akarịtara -----------

Clue! What do mụ/ha/ya mean?

29

ADJECTIVES

ŃKỌWA AHA

(A describing word that tells you more about a noun/pronoun.)

Most adjectives in Igbo are of the predictive form i.e they precede or proceed a linking verb. Attributive adjectives however, precede or proceed a noun.

Adjectives that describe mood.

I am hot.

> Heat   is doing me.
> ụzụọkụ na eme mụ.

	Adjective	Compound verb		Pronoun
		is	**participle**	**me**
Hot	**Ụzụọkụ**	na	eme	mụ
Cold	**Oyi**	na	atụ	mụ
Angry	**Iwe**	na	enwe	mụ
Amused	**Amụ**	na	atọ/asọ	mụ
Afraid	**Ẹgwu/Ụjọ**	na	atụ	mụ
Sleepy	**Ụla/Ụra/Ụna**	na	atụ	mụ
Hungry	**Agụụ/Agọọ**	na	agụ/agọ	mụ
Happy	**Aṅụlị/Aṅụrị**	na	ẹbu/ẹvu	mụ
Distressed	**Ụfụ /Ụhụ/Ụwhụ**	na	afụ/ahụ	mụ
Uneasy	**Akpataoyi**	na	awụ	mụ
Dizzy	**Ajụ**	na	ẹbu/ẹvu	mụ
Weak	**Ńgwụrọ**	ji		mụ
Aggrieved	**Arịrị/Alịlị**	ji		mụ

NB – ji means hold/use, it does not mean "is".
A participle is formed by adding a **prefix**
to a verb e.g me = do / **e**me = doing.

Common participles used to convey expressions

Atụ	describes a feeling of catching-on/ throwing-off
Atọ	describes a sense of taste/ delight /amusement
amụ	describes birthing/bringing forth
Ẹju	describes fullness
Ẹbu	describes lifting/carrying
Enwe	describes possessing/having
Eme	describes doing
Ẹji	describes holding/using
Ajọ	describes ugliness/stinginess
Ẹnú	describes pushing out
Ẹchí	describes blockage/obstruction
Kara	describes something that is marked

Pronoun   **adjective**

He/she/they	is/are	participle		
	na	enwe		aggrieved
	na	amụ		amused
	na	atụ		afraid
	na	ẹhi/aralụ		asleep
	na	enwe		angry
	na	enwe		happy

Insert the correct pronouns and adjectives in the spaces.

He/she/they	is/are			
	na		**amụlị**	amused
	na		**alahụ**	asleep
	na		**aṅụlị**	jubilant

It is + adjective   English grammar

Adjective(noun) + verb   Igbo grammar

cold...

> There is cold : oyi dị.
>
> It is too cold : oyi akarịa.
>
> It is not cold : oyi adịghị

Verb = | verb/adverb/verb tense

Dị   - describes the presence of something.

Akarịa   - describes the intensity/multitude of something.

Adịghị   - describes the lack of something.

| Oyi adịghị ebe a taa. | | Aṅụrị dị mụ na obi. |

Insert a verb in the table below, either to indicate "it is", "it's too much" or "it isn't".

	adjective	verb
Heat	ụzụọkụ	
Cold	oyi	
Envy	ụhụanya	
Love	ihụnanya	
Anger	iwe	
Grief	arịrị	
Afraid	ẹgwu	
Hunger	agụụ	
Happy	aṅụrị	

I am overjoyed...

overjoyed

Heart	is	me	happy	nice	pleasant
Obi	dị	mụ	aṅụrị	ṁma	ụtọ
Obi	dị	mụ	aṅụlị	ṁma	ụsọ
Obi	rị	mị	anwụlị	ṁma	ụchọ
Ob'	d'	m'	aghụlrị	ṁma	ụthọ
Ob'	d'	mụ	eṅụlrị	ṁma	asọ

Overjoyed could mean "happy/pleasant/nice" in Igbo.

My heart is overjoyed because you came.

Obi dị mụ -----------------------maka na ị biara.

The dialects are formed by adding **suffixes to come.**

i.e came - bia-**ra**/bia-**lụ**/bia-**rụ**/bia-**l'**/bia-**lr**

noun	pronoun	verb	pronoun	preposition	adjective
Obi		dị	mụ		aṅụrị
Adị			mụ		aṅụrị
Ana			mụ		aṅụrị
Ana	mụ	enwe			aṅụrị
	ṁ	na enwe			aṅụrị
	ọ	na			aṅụrị
adj					**noun**
Aṅụrị		dị	mụ	na	Obi

"ọ na aṅụrị - she is jubilant."

Adjectives that describe appearance.

It/He/She	Is	Adjective	
ọ	dị	ọmalịcha	beautiful
ọ	dị	ojii	black
ọ	dị	arọ/alọ	heavy
ọ	dị	ńnukwu	big
ọ	dị	obele/obere	small
ọ	dị	ọcha/ụcha	clean/white
ọ	dị	ńka	old
ọ	dị	ọfụrụ/ọhụrụ	new
ọ	dị	atịtị	dirty
ọ	dị	ńjọ	bad/ugly
ọ	dị	ḿma/ọyị	good/fine
ọ	dị	ibu/ivu	fat
ọ	dị	ḿpe	thin
ọ	dị	ḿgbagọrọ	bent
ọ	dị	ńju	full
ọ	dị	ńzuzu	silly
ọ	dị	chako	empty

In the above examples, one is stating the obvious, in the examples overleaf, an observation is being made. Hence a verb tense is used to add more meaning to the sentence. E.g

"ọ dị ńka - it is old"

"ọ kara ńka – it marks old"

Adjectives that describe appearance.

It/He/She	Is	Verb tense	Adjective	
ọ	na	ẹji	**ojii**	black
ọ	na	acha	**ọcha/ụcha**	unblemished
ọ	na	anyị	**arọ/alọ**	heavy
ọ	na	ẹgbu	**ke**	shiny
ọ	na	eme	**Ihere/ifele**	shy
ọ		gbara	**kịrịkịrị**	tiny
ọ		maara	**akọ**	clever
ọ		tara	**akpụ**	knotty
ọ		kara	**ńka**	old
o		mẹbiri	**ḿmẹbi**	spoilt
o		kpuru	**isi/ishi**	blind
ọ		gbara	**agba**	huge
ọ		jọra	**ńjọ**	ugly/bad
ọ		mara	**ḿma**	fine
o		buru	**ibu**	fat
o		pere	**ḿpe**	thin
o		juru	**ńju/ẹju**	full
ọ		gbara	**chako**	empty
ọ		gbagọrọ	**agbagọ**	bent

Can you translate "this fish is huge" to Igbo?

Azú a gbara agba.

Adjectives that describe senses.

It/He/She	Is	Adjective	
ọ	dị	ụtọ/ụsọ	delicious
ọ	dị	inu	bitter

It/He/She	Is	Participle	Adjective	
ọ	na	atọ/asọ	**ụtọ/ụsọ**	delicious
ọ	na	atọ/asọ	**bịrịbịrị**	sweet
ọ	na	ẹnu	**inu**	bitter
ọ	na	ama	**ụra/ụla**	sour
ọ	na	atụ	**oyi**	cold
ọ	na	ẹju	**oyi**	cold
ọ	na	asọ	**oyi**	distasteful
ọ	na	arọ/alọ	**ńrọ/ńlọ**	dreaming
ọ	na	ekpo	**ọkụ**	hot

It is tasting delicious	It is throwing cold	It is filling with cold
ọ na atọ ụtọ	ọ na atụ oyi.	ọ na ẹju oyi

The participle could either play the role of a verb or an adjective in the sentence. "It is heavy" could be said in two ways;

1) ọ na anyị arọ. 2) ọ na anyị.

compound. v. adj.   verb. adj.

e.g. This bag is heavy - akpa a na anyị.

This bag is heavier - akpa a ka anyị aro.

Comparing Adjectives

It/He/She	Most	Verb tense	Adjective	
ọ	**kacha**	mara	akọ	clever
ọ	**kacha**	ẹji	ojii/nji	black
ọ	**kacha**	anyị	arọ/alọ	heavy
ọ	**kacha**	gbagọọ	agbagọ	bent
ọ	**kacha**	gbaa	kịrịkịrị	tiny
ọ	**kacha**	acha	ọcha/ụcha	clean
ọ	**kacha**	kaa	ńka	old
ọ	**kacha**	akpa	amụ	funny
ọ	**kacha**	gbaa	agba	huge
ọ	**kacha**	ajọ	ńjọ	stingy
ọ	**kacha**	maa	ḿma	beautiful
ọ	**kacha**	buo/vuo	ibu/ivu	fat
ọ	**kacha**	pee	ḿpe	thin
ọ	**kacha**	juo	ńju/ẹju	full
ọ	**kacha**	too/soo	ogonogo	tall
ọ	**kacha**	akpa	arụ/alụ	wicked
ọ	**kacha**	sụọ	ḿkpụḿkpụ	short
ọ	**kacha**	ẹgbu	ke	shiny

This fish is the biggest.
Azụ a kacha gbaa agba.

It is small	It is smaller	It is the smallest
ọ dị obere/obele	ọ ka obere/obele	ọ kacha obere/obele

Kachasị and pekarịrị are exaggerations used to indicate comparative size.

This spoon is the **smallest** followed by this one. Ṅgaji a **pekarịrị** sotewa ńke a.	This drink is the **coldest** followed by the other one. Ḿmanya a **kachasị juo oyi** sotewa ńke ọzọ.

You may hear "followed by" described as
so-te-(wa/ba/we/be/ve/ma), so-ta-(wa/ba/va/ma)
in different dialects.

Sote is also used to describe the **ordinal numbers**
between the first and the last. In the table below, secondly e.t.c
have been described by different suffix combinations.
see page 63 for suffixes.

First, second, third, fourth, fifth e.t.c are described as
e.g, "first one" = "ńke ḿbụ"
nke = (one/own) usually precedes the numbers e.g
ńke (ḿbụ/abụọ/atọ/anọ/isẹ, e.t.c)

Firstly	At first	Secondly (thirdly (e.t.c)	Lastly	At last
ńke ḿbụ	na ḿbụ	ńke so	ńke ikpeazụ	na ikpeazụ
ńke izizi	na izizi	ńke soma	ńke ikpetemeazụ	na ikpetemeazụ
ńke ivuụzọ		ńke sotere		
ńke ibuụzọ		ńke sotawalụ		

Adjectives that describe position.

Nọ describes animates : Dị describes in-animates

It/He/She	is	in/on	Adjective	
ọ	nọ	na	**ẹnu/ẹlu**	top/above
ọ	nọ	na	**okpuru/okpulu**	under/bottom
ọ	nọ	na	**ana/anị**	ground
ọ	nọ	na	**akụkụ/ekụkụ**	side/corner
ọ	nọ	na	**ịme**	inside
ọ	dị	na	**ẹtiti**	middle/between
ọ	dị	na	**ihu/iru/ifu**	front/surface
ọ	dị	na	**azụ**	back/behind
ọ	dị	na	**iro/ilo/ẹzi**	outside

<u>Participles</u> are words that are formed from verbs which are either used with auxiliary verbs to make compound verbs or can serve as adjectives because they describe nouns.

Verb	Past participle	Present participle
To rain	The **rained** water	The **raining** water
I zo	ḿmiri **zoro**	ḿmiri na **ẹzo**

Ḿmiri zoro bụ ẹzigbo ọdachi.
The fallen rain was a real catastrophe.
Ḿmiri na ẹzo na ẹbuta ọdachi
The falling rain is causing a catastrophe.

Adjectives that describe weather.

It is sunny.

> Anwụ na ẹti.
> Sun is hitting.

Adjective	Noun		Participle
sunny	sun	is	hitting
	anwụ	na	ẹti
rainy	water	is	raining
	ḿmiri	na	ẹzo
windy	breeze	is	blowing
	ikuku	na	ẹku
bright	sky	is	brightening
	igwe	na	ẹnwu
dark	darkness		surrounding
	ọchịchị		agbaa
daylight	daylight	is	
	ihe/ife	dị	

Let us meet here at sunset.
Ka anyị zukọọ ebe a ma anyaanwụ daa.

Adverbs

ŃKỌWA ŃGWA

(Modifies or qualifies a verb, adjective, adverb phrases.)

Describes how something is done in relation to

time, place, manner, intensity.

Some examples are;
ọsịịsọ/ike/ezigbo/nwanyọ/ọfụma/ozugbo
ńgwa/kita/k'ḿma/wẹ/ugbua/kńwa/ụnyaahụ/ẹchi

Pronoun	Verb	Adverb	adjective	noun
She	is (use)	**slowly**	chewing	nut
O	ji	**nwanyọ**	ata	akị
It	is	**really**	hot	
Ọ	dị	**ẹzigbo**	ọkụ	
They	are (use)	**quickly**	going	market
Ha	ji	**ọsịịsọ**	aga	ahịa
We	are (use)	**energetically**	pounding	yam
Anyị	ji	**ike**	asụ	ji
		now	cook (verb)	beans
		ńgwa	sie	agwa

Noun	verb	noun phrase	adverb
Chizọba	sewed	this cloth	**well**
Chizọba	kwalụ	akwa a	**ọfụma**
Amaka	wrote		**quickly**
Amaka	delụ		**ọsịịsọ**
Dubem	is dancing		**now**
Dubem	na agba	ẹgwu	**kita/ugbua**

Prepositions

ḾBUỤZỌ

(Used to show the relationship between a noun and a pronoun.
or between two people or two things)

Pronoun	Verb	Preposition	Adjective	Noun
He	is	**on**	top of the	chair
Ọ	nọ	**na**	ẹnu	oche
She	threw it	**onto (on)**	the (top)	bed
Ọ	tụụ ya	**na**	ẹnu	akwa
She	is	**at**	the	house
Ọ	nọ	**na**		ụnọ
It	is	**on (by)**	the side of	tree
Ọ	dị	**na**	akụkụ	osisi
They	live	**beside (by)**	the (side)	water
Ha	bi	**na**	akụkụ	ḿmiri
She	put it	**into (in)**	the (inside)	bag
Ọ	tinye ya	**na**	ịme	akpa
It	is	**inside (in)**	the (inside)	car
Ọ	dị	**na**	ịme	ụgbọana
It	is	**under (in)**	the (under)	chair
Ọ	dị	**na**	okpuru	oche

In Igbo the infinitive marker **i/ị** functions as a preposition.

She	is waiting	to	entre (verb)	house
Ọ	na eche	**i/ị**	ba	ụnọ
She	is going	to (prep.) **the**	back (adj.) of	house
Ọ	na eje	**na**	azụ	ụnọ

N'ẹnu/n'akụkụ/n'ịme/n'okpuru/n'ẹtiti are often presented as prepositions in Igbo, to mimic the English onto/beside/into/underneath/beneath/in-between. They are in fact **two words**, the preposition **"na"**-"in" and the adjectives that describe position e.g **"ịme"**-"inside" in the context.

Ọ nọ **na** ịme ugwu.
She is **in** inside the hill.

Akwụ mụ **na** ẹtiti Chiamaka na Chinwe.
I am standing **in** between Chiamaka and Chinwe.

Although **na** is the most used preposition in Igbo, there are others that are used to describe the relationship between two people or things eg;

Bia **ebe** mgbede.
Come **around** evening time.
Zachaa **okpuru** oche.
Sweep **underneath** the chair.
Ọ dị **ka** atụrụ.
It seems **like** a sheep.
Mana agwalụ mụ gị.
But I told you.
yọpụ **ẹnu** mmanụ.
Sieve out the **top** of the oil.
Emechaa anyị ga akpa.
After we will talk.
Ẹtiti ḿkpịsịụkwụ mụ dị atịtị.
Between my toes is dirty.

Since	morning	eaten not me	food
Kemgbe	ụtgụtgụ	ẹribeghị mụ	ńri
Erimgbe	ụtụtụ	ẹliberọ mụ	ńni
Ọhụmgb'	ụtụtụ	ẹlrivịgh mụ	ńlri

Since morning I haven't eaten.

POSTPOSITIONS (go/fe/da/tu/rụ/lụ/ lr/le/lụ/ra/re/ro/ma)

Are affixed to action verbs, they are different to suffixes.

	Climb	Walk (click)	Jump
Up	Lị **go**	Gba **go**	Wu **go**
Over(across)	Rị **fe**	Gba **fe**	Wụ **fe**
Down	Lị **da**	Gba **da**	Wụ **da**
	Lị **tu**	Gba **tu**	Wụ **tu**

gba = click (bring about an action between objects).
Walking is described in Igbo as a clicking movement.
gba ọsọ (click quick) i.e run, gba ụkwụ (click leg) i.e kick,
gba nyụ (click off) gba aka(click finger)

The English prepositions : up/over/down/across/for/to/with, are postpositions in Igbo.

He walked **up** that hill.
Ọ gba**go**(s) ugwu ahụ.

He did it **for** mụ.
O me(S)**rụ** mụ ya.

He jumped **over** the fence.
Ọ wụ**fe**(s) ńgbachi.

He followed **with** me go place that. (He went there with me.)
O so(s)**ro** mụ ga ebe ahụ.

He climbed **down** that tree.
Ọ lị**da**(s) ukwu osisi ahụ.

He will go **to** them tomorrow.
Ọ ga agakwu**rụ** ha ẹchi.

Add suffix (S) to intensify meaning (pg 63) e.g
wụfera if (s) = (ra/re/lụ/rụ/l'/lr), sentence = he jumped over the fence.
wụferago If (s) = (go/wo/na/la/ma), sentence = he has jumped over the fence.

Conjunctions

NJIKỌ

(Are words that connect clauses or sentences.)

The house is theirs **but** we live there.
Ụnọ bụ ńke ha **mana** anyị bi ebe ahụ.

Which is nicer, this one **or** the other one.
Kedụ ńke ka ḿma, ńke a **maọbụ** ńke ọzọ.

Ask him **if** it is true.
jụọ ya **ma** ọ bụ eziokwu.

Go and find out **if** she will eat.
Jee chọpụta **ka** ọ ga eri ńri.

Perhaps you **and** I will go **if** it been **that** road is good.
Ikekwe mụ **na** gị ga aga **na** ọ bụlụ **na** ụzọ dị mma.

She does it at first, **everytime** apart from today.
Ọ na-eme ya na ḿbụ **ogeniine** belụsọ taa.

I am doing it **because** it is you.
Ana mụ eme ya **maka na** ọọ gị.

It has been raining **since** last night.
Ḿmiri na ezo **kemgbe** abanị ụnyaahụ.

It is done this way **so** it is efficient.
Ẹ si ẹtu a eme ya **ka** ọ dị mfe.

I told you **that** I fell down **as** I was dancing.
Akọọlụ mụ gị **na** adalụ mụ ada **ka** ń na agba ẹgwu.

Contractions

ḾKPỌBI

(Join several words that are often used together.)

- Sometimes vowels are dropped and replaced with apostrophes e.g; with prepositions.

- Sometimes a hyphen is used to indicate continuation e.g; with compound verbs.

	FORMAL	CONTRACTION	INFORMAL
preposition	Into		
	Na ịme	**N'ịme**	N'ịme
auxiliary	Is doing		
	Na eme	**Na-eme**	N'eme
possessive	My own		
	Ńke mụ	**Ńke m**	Ńke'm
negation	I did not	**I didn't**	
	Eme ghị mụ	**Emeghị m**	E meghị'm

Informal writing is often necessary for simplicity, mainly to encourage the pronunciation of words as they sound in everyday speech and to avoid confusion. Hence apostrophes are employed to denote adjacent vowels regardless of which part of speech they conform to. They are also used to join letters that are not suffixes. Note that the prefix "e" is disjointed from its verb "me".

Adjacent vowels sound like long vowels in speech.

Formal	Sounds like	Phonetic contraction
Ka anyị gaa	**kaanyị**	k'anyị gaa.
I na eme gịnị	**neeme**	I n'eme gịnị

Pronouns and prefixes must be differentiated.

Noun/Pronoun	being not	me
Uju	anaghị	
Anyị	anaghị	
	Anaghị	mụ

Ọ dịghị. Ńcha **a** dịghị.
There isn't. Soap **there** isn't.
(There isn't. There isn't soap.)

Ọ/O/A are impersonal pronouns.

O nwere ńdị nwere ńcha?
There has people has soap?
(Does anyone have soap?)

Uju nwere ńcha.
Uju has soap.

A naghị enwe ḿgbe Uju anaghị enwe ńcha.
There isn't having time Uju being not having soap.
(There isn't a time when Uju doesn't have soap.)

Enwere **mụ** ńcha.
Has **me** soap.
(I have soap.)

Formal	Contraction	Sounds like	Phonetic contraction
Ama ghị mụ	Amaghị m'	**A maghịm**	A maghị'm
Ńke mụ	Ńke m'	**Ńkem**	Ńke'm
Ana mụ	Ana m'	**A nam**	A na'm
Osa a		**Osaa**	Osa'a

Pronunciations of written words in Igbo language are guided by diacritics. In the absence of diacritics, pronunciations are guided by the number of syllables that the reader can identify. Unfortunately, that is determined by the spoken version of the language. In phrases like "ńke a", vowel assimilation occurs such that the "e" is omitted in speech, hence it sounds like one word "ńkaa". The vowel in "nwaoke" has been completely expunged from literature, and the word is usually written as it sounds in modern speech "nwoke". Another example of vowel assimilation and elimination can be found in the phrase "ma ọ" which results to "mọ" in some dialects e.g. "I hụma ọ" becomes I hụmọ ọ - you have seen it?.

Well done	dị eme (deeme)/ dị eje (deeje)/ dị alụ (daalụ)
	be doing be going be working

Interjections.

Chai! Ẹwo! Chimoo! Ẹwu! Ẹleoo! Hia!

VERBS

ŃGWA

action verb

Ọ **na ẹri** ńri.
She **is eating** food.

Ọ **na achụ** ńta.
He **is chasing** hunt.

static verb

Anọ mụ na ugbo.
Being me in farm.

Obi **dị** ya anụlị.
Heart **is** him happy.

transitive verb

Afụrụ mụ gị.
Seen me you.

Ọ **ga** enye mụ.
She **will** giving me.

intransitive verb

O furu.
It **lost**.

modal verb

nweike -can/might/may
kwesi-should/suppose

The most important verbs in Ìgbò are the verbs

"to be" - "ị bụ"

bụ	abụ	bụbụ	na abụ	bụlụ	bụgo	ga abụ
be	being	was	be being(usually)	been	has become	will being

"to do" - "ị me"

me	eme	eme bụ	na eme	melụ	mego	ga eme
do	doing	was doing	be doing (does)	did	has done	will doing

To be - Ị bụ

Be – (bụ/dị/nọ/na)

Bụ-be(am/is/are). **Abụ**-(being). **Bụbụ**-(was/were). **Bụlụ**-(been).

bụ/wụ/v' describes nouns/pronouns

Pronoun | Verb

	Past tense	Present tense	Future tense (will be)
	abụbụ mụ	abụ mụ	aga mụ abụ
i/ị	bụbụ	bụ	ga abụ
ọ	bụbụ	bụ	ga abụ
anyị	bụbụ	bụ	ga abụ
ha	bụbụ	bụ	ga abụ

I am an Igbo person. Abụ mụ onye Ìgbò.	It is a good thing. Ọ bụ ihe ọma.	He is a genuine person. Ọ bụ ẹzigbo ḿmadụ.

ka describes nouns/pronouns

Ka is the auxiliary verb(page 66) form of bụ. It always precedes a pronoun/noun. The main verb follows the pronoun.

<u>I am an Igbo person.</u>   <u>How do you know an Igbo person?</u>

Onye Igbo ka mụ bụ Oye Igbo bụ mụ bụ Person Igbo is me be	Gịnị ka ẹ ji ama onye Igbo G'n' bụ ẹ ji ama oye Igbo What are they use knowing person Igbo

dị/d'/rị/r' describes an adjective/adverb

Pronoun   Verb

	Past tense	Present tense	Future tense (will be)
	adịbụ mụ	adị mụ	aga mụ adị
i/ị	dịbụ	dị	ga adị
ọ	dịbụ	dị	ga adị
anyị	dịbụ	dị	ga adị
ha	dịbụ	dị	ga adị

I am tall. Adị mụ ogonogo.	It is clean. Ọ dị ọcha.	You are slow. Ị dị nwanyọ.

nọ/lọ/rọ describes position (animate)

Pronoun   Verb

	Past tense	Present tense	Future tense (will be)
	anọbụ mụ	anọ mụ	aga mụ anọ
i/ị	nọbụ	nọ	ga anọ
ọ	nọbụ	nọ	ga anọ
anyị	nọbụ	nọ	ga anọ
ha	nọbụ	nọ	ga anọ

We are here. Anyị nọ ebe a.	He is at the farm. Ọ nọ na ugbo.	They are at home. Ha nọ na ụnọ.

na/la/n' describes a verb (i.e an action)

Pronoun	Verb		
	Past tense	**Present tense**	**Future tense (will be)**
	anabụ mụ	ana mụ e/a	aga mụ na e/a
i/ị	nabụ	na e/a	ga na e/a
ọ	nabụ	na e/a	ga na e/a
anyị	nabụ	na e/a	ga na e/a
ha	nabụ	na e/a	ga na e/a

Na combines with participles to form <u>compound verbs.</u>
Where e/a are prefixes preceding the verb e.g; e-me/a-sa.

She **is** coming. Ọ **na**-abịa.	I **am** doing something. A**na** mụ eme ihe.

* Amaka says it **is** yours. {Amaka says that it **is** yours.}
  Amaka sịrị **na** ọ ńke gị. {Amaka sịrị na ọ **bụ** ńke gị.}

* Ḿmiri na   ẹzo **na** ẹbuta   ọdachi
  Water that raining **is** causing catastrophe.

* They are energetically pounding. (e.g yam)

Ha ji   ike
They use strength

| | 1 | asụ <br> pounding | 2 | na   asụ <br> in pounding | 3 | nwere **na** asụ <br> take **be** pounding |

In the examples above "na" appears as verb, conjunction and preposition. The verb forms are highlighted. As exemplified, "na" does not always form a compound verb when situated next to a participle. These situations make it difficult to adhere to the rather simplistic grammatical rules that suggest that prepositions should be written in its phonetic form "n'enu", and compound verbs hyphenated "na-abịa". In the example, "na ọ - nọọ - n'ọ", the vowel "a" is assimilated by the adjacent vowel. This type of assimilation occurs whether "na" is verb/conjunction/preposition. Hence these grammatical rules should be **expunged**.

Compare the usage of the verbs to be.

	verb "be"	participle	conjunction	preposition	meaning conveyed
ọ	dị		ka		It is like. (seems)
ọ	dị			na	It is in/on.
ọ	na	adị	ka		It is being like.
ọ	na	adị		na	It is being in. (kept)
ọ	bụ		na		It is that.
ọ	na	abụ	na		It is being that.
ọ	na	abụ		na	It is usually in.
ọ	nọ		ka		she is like. (stays)
ọ	nọ			na	she is in/on.
ọ	na	anọ	ka		it is staying like.
ọ	na	anọ		na	she is staying at.

She **seems** like a good person. Ọ **dị** ka ẹzigbo ṁmadụ.	She **stays** like a good person. Ọ **nọ** ka ẹzigbo ṁmadụ.

Fill in the missing words using : ka/anọ/na/dị/ adị/bụ

1) Ebere ga ____ eche.
2) Ebere ____ ____ ka ọ __ ike.
3) Ebere ___ ____ nwanyọ.
4) Ọ na abụ ___ ṁgbede ka ebere ji abia.
5) Ebere nọ ___ onye oyi ____ atụ.
6) Ẹgo ebere ___ ____ ana.
7) Ebere na anọ __ ụnọ ṁgbe ọbụna

Clues

eche-waiting/nwanyọ-quiet/ṁgbede-evening/ onye-person/ oyi-cold/ atụ-catching/ ana-floor/ ụnọ-house/ ẹgo-money / ike-strong

(1) na (2) na/adị/dị (3) na/anọ or na/adị (4) na (5) ka/na (6) dị na (7) na

What she will do. Ihe ọ **ka** eme – Thing she be doing. / Ihe ọ **dị** ị me – Thing she is to do. / Ihe ọ **ga** eme – Thing she will doing.

PREFIXES

Prefixes and suffixes change the meaning of words.

chị-laugh/ ọchị-laughter/ achị-laughing/ achịlụ-laughs/ chịlụ-laughed/ achịgo-has laughed.

(prefix at the beginning a-) chi (-lụ suffix at the end)

The vowel prefix that is added before a verb, usually but not always harmonises (pairs/matches) with the vowel in the verb stem. It is often dialect dependent. In fact Igbo dialects arise from adding different prefixes and suffixes to the verb stem.

Prefix			Vowel in verb stem		
a	Pairs with	ị	ọ	ụ	
e/ẹ	Pairs with	i	o	u	

Examples

achị (laughing) / **ẹ**chi (scrubbing) / **e**me (doing).

Vowels do not always harmonise in this manner.*

Prefix	Verb stem	Prefix	Verb stem
a	sa	a	kụ
e	sa*	e	kụ *
a	ga	e	me
e	ga *	e	be
e	je	a	chị

Note that all vowels appear as prefixes in Igbo.

a/e/ẹ - used to describe the action of the verb.

i/ị   - used to describe the reaction of the verb.

o/ọ   - used to describe a person associated with the verb.

ń/ḿ   - used to describe achieving the state of the verb.

u/ụ   - used to describe the state of the verb.

Example :- Bu - Carry = lift/raise/hoist/

ẹbu-the action of carry/ibu-the reaction of carry/obu-carrier/ḿbu-process of achieving carry/ubu-state of carry.

Do - Oasis = peace/calm/sanctuary/shelter/shadow/shade

ẹdo-the action of oasis/ido-a reaction of oasis/odo-oasis maker/ńdo-process of achieving oasis/udo-state of oasis.

Make your own sentences using these verbs

bi-live/ ga-go / je-go / sa-wash / sị-say / si-cook / me-do
gụ-read / chì-brush / sụ-pound/ gba-click /kwa-sew

and pronouns.

i/ị /unu/ ọ/o / anyị/ ha

Remember that the **prefix** e/ẹ/a will change the verb to its "ing" form e.g "bi-live", "ẹbi-living, "ga ẹbi - will living", "ga na ẹbi - will be living". Pay attention to prefix and vowel pairing.

Suffixes are added to the past tense to intensify its meaning e.g "bi**rụ** - lived", "bi**bụ**/ bi**bụ-lụ**/ bi**bụ-rụ**/ bi**bụ-re** all mean used to live".

ẹbi-**go**, ẹbi-**wo**, ẹbi-**e-ne**, ẹbi-**e-la** all mean – "have lived".

ẹbi**bụ-go**, ẹbi**bụ-o-le,** ẹbi**bụ-o-na** all mean – "have previously lived".

pronoun	past tense	present tense	future tense
you	**lived** (previously)	**live**	**will live(living)**
i/ị	bibụ	bi	ga ẹbi

si –e-nụ ya.	i si –te-re ya ọfụma.	o si –bụ-go ya.
cook it **please**.	You **cooked** it **very** well.	She **has previously cooked** it.

Suffixes : Intensify verbs

Igbo words are built by adding suffixes together. By simply substituting suffixes, a verb will switch dialects e.g, chọ - chọ**rọ**/chọ**ra**/chọ**lụ**/chọ**rụ**/chọ**lr**/chọ**l'**/chọ**lị**/chọ**ma**.

Meaning conveyed.	Some suffix band widths			
do/thoroughly do	ta/te	ṭa/ṭe	sa/se	a
did/past tense	ra/re	lụ/rụ	l'/lị/rị	lr'
continuous action	rọ/ra	lụ/rụ	ko/kọ	ga/ge
completed action	la/le	na/ne	go/gwa/gwo	wo/ma/mọ
must do	ri/li	liri	lili	riri
emphatic do/don't	kwa	kwe	na/la(not)	ne/le(not)
more ability	kwu	tụ	o/ọ	e/ẹ/a
able	nwu	wu	li	ni
never	tụbe	n'	ni	nụbe
on going/continuity	ba/be	wa/we	va/ve	ma/me
close off	nyụ	chi	shi	
finish/discontinuity	cha	che	sị/shị	
bring/send forth	zi/zị/zhi	do		
out	pụ	fụ		
just	dị	d'/dụ	rị	r'
too much	ka	ke		
please	nụ	nị		

Me-chi-e/ kwu-chi-e/ sọ-chi-e/kwu-chi-o/gba-chi-o
gba-nyụ-o/ me-nyụ-o/ hụ-nyụ-o/gba-nye

He does - o me-**ko**/ He finished – o me-**che-re**/ He has finished – o me-**che-go**

Verb Tenses

Verb tenses are made by adding prefixes and suffixes to a verb. Often, tenses in Ìgbò and English don't correspond meaningfully, hence Ìgbò words are often translated to the wrong English tense in order to maintain English grammatical rules. The table below exemplifies the tense rules in Ìgbò representing different lects. Other suffixes may be added to convey different meanings.

	Prefix		Suffix
Present tense		verb-	used to convey meaning
Present participle	a/e	-verb	
	o/ọ/ń/ḿ	-verb	used to convey meaning
Simple tense	Pronoun/prefix-	verb-	kọ/ko//ga/ge/rọ/ra/lụ/ rụ/l'/lr/ma e.t.c.
Past tense		verb-	re/ra/lụ/rụ/lr/l'/lị/ma
Past participle	a/e	-verb-	go/la/le/na/ne/wo/ma
Future tense	a/e	-verb	used to convey meaning

- ❖ Chị-laugh/ achị-laughing/ ọchị-laughter/ achịlụ-laughs / chịlụ-laughed
- ❖ Me-do/ eme-doing/ ome-doer/ emega-does/ mera-did/ mewo-done
- ❖ Chọ-seek/ achọ-seeking/ ọchọ-seeker/ achọrọ-seeks/ chọlr-sought
- ❖ Mụ-learn/ amụ-learning/ ńmụ-learner/ mụkọ-learns/ mụrụ-learnt
- ❖ Kuzi-teach/ akuzi-teaching/ ńkuzi-teacher/ akuzilụ-teaches/ kuzira-taught
- ❖ De-write/ ede-writing/ ode-writer/ edeko-writes/ delr-wrote/dego-written

Izuchukwu **chọlụ ị chị**. – Izuchukwu **wanted** to **laugh**.

Izuchukwu **chịra**. – Izuchukwu **laughed**.

Lotanna na **akuzi** Igbo. – Lotanna is **teaching** Igbo.

Lotanna **ga akuzilụ** anyị. – Lotanna **will teaches** us.

Ńdidi **ọchọ** ḿma. - Ńdidi **seeker** of beauty.

Ọlaẹdo bụ onye **delụ** ihe a. – Ọlaẹdo is who **wrote** thing this.

Edeko mụ akwukwọ, gịnwa bia **dee**. – **Writes** me book, you come **write**.

Chukwudị **amụgo** asụsụ ọzọ. - Chukwudị **has learnt** another language.

Chukwudị bụ **onye ńmụ**. - Chukwudị is a **learner.**

Chukwudị bụ **ọmụụ** Igbo. - Chukwudị is an Igbo **learner.**

Linking verbs

Linking verbs describe what a subject is. The sentence should read... subject-linking verb- subject complement (noun/adjective).

The most common examples are, bụ/dị/na-x/ka/si these linking verbs have the power to change the part of speech of a word e.g "ike" could mean strong/strength/strongly i.e adjective/noun/adverb, depending on the linking verb used.

Ọ **dị** ike	Ọ **ka** ike	O **siri** ike	O **nwere** ike	O **ji** ike
She is strong	She is stronger	She with strength	She has strength	She use strength

Ọ **dị** ḿma	Ọ **ka** ḿma	O **si** na ḿma	O **nwere** ḿma	O **ji** ḿma
She is beautiful	She most beautiful	She from in beauty	She has beauty	She holds beauty

❖ Bụ -describes how something is.
❖ Dị –describes the position and appearance of things.
❖ Na –describes the action.
❖ Nọ -describes the position of something.
❖ Ka –compares adjectives/adverbs.
❖ Nwe –describes possession.
❖ Ji – describes holding or using something.
❖ Si –describes the "way through" or "from where" things are.

> In English, through / with/from/by, are prepositions. In Igbo, "si" is a verb. It is possible to have verb clusters in a sentence e.g "ga na eche". verb+adverb could be a verb cluster.

Ike **ka** ẹ **ji** ẹso ụwa
Strength is they use following world

Noun-verb-pronoun-compound verb-noun

Ọ **dị** ẹzigbo omume	Ọ **kacha nwe** ẹzigbo omume	O **nwere** ẹzigbo omume
She is really behaved	She most have real behaviour	She has real behaviour
Pronoun-verb-adverb-adjective	*Pronoun-comparative-verb-adjective-noun*	*Pronoun-verb-adjective-noun*

O **ji** ẹzigbo omume	O **ji** omume **dị** ḿma	O **si** ebe a
She holds real behaviour	She hold behaviour is beautiful	He went through here
Pronoun-verb-adjective-noun	*Pronoun-verb-noun-verb-adjective*	*Pronoun-verb-noun-pronoun*

O **ji ike** arụ ọrụ	Ihe o **ji** arụ ọrụ	O **jisi** ike
She hold strongly working work	Thing she use working work	She hold finish strength
Pronoun-verb-adverb-adjective-noun	*Noun-pronoun-compound verb-noun*	*Pronoun-verb-noun*

Ihe ọ **na ẹji** arụ ọrụ	O **ga na eche** anyị	O **ga na eche** na ụnọ
Thing she is using working work	She will be waiting us	She will be waiting at home
Noun-Pronoun-compound verb-adjective-noun	*Pronoun-compound verb-pronoun*	*Pronoun-compound verb-preposition-noun*

Auxiliary verbs

ŃNYEMAKA ŃGWA

Are verbs that qualify other verbs,
they may be words or suffixes. E.g
**na/ma/ga/ka/lụ/rụ/ra/re/lr/l'/lị/go/wo/la/
tụ/bụ/be/a/e/o/kwa/kwe**

They are used to;

- Form questions.

- Form instructions.

- Form negative sentences.

- Form negative orders.

- Form affirmative sentences.

In speech, it is the tone of voice that indicates to the listener whether a question has been asked or an instruction given.

Are you doing it?

I **na** eme ya?

Did you do it?

I me**lụ**/me**re**/me**ra**/me**lr**/me**l'**/me**lị** ya?

Do it **for** me.

Mee**lụ**/mee**re**/mee**ra**/mee**lr**/mee**l'**/mee**lị** m' ya.

Take it **to** her.

Nwega**lụ**/nwega**ra**/wege**lr**/weje**l'**/nweje**lị** ya.

Have you done it?

I me**go**/ me**wo**/ me**na**/ me**la** /me**ma** ya?

You **Have** done it.

I me**go**/ me**wo**/ me**na**/ me**la** /me**ma** ya.

Do not do it.

Eme ghị**kwa** ya.

Will you do it?

I **ga** eme ya?

Go and do it.

Ga**a**/je**e** me**e** ya.

(It - ya/nya/ye/o/e/a)

Na/ka/ma, have very similar functions in Igbo grammar. You would have encountered some examples of them as different parts of speech. Let's compare their uses. Note that the auxiliary verbs are highlighted. The verb forms of na/ka are -:

Na = reverse. "Ụna ẹrugo." "Bia ka anyị naa." "Ị **na** ana?"

Ka = symbolize/mark/insinuate/surpass. "Gịnị **ka** ị **na** aka."

	verb	preposition	conjunction	suffix	adverb
Ka/k'	let/ be/will	like	as/so/if	much	still
Na/la	be	in	that/if/and	not	
Ma	know/will/ jump		If/and/or	Past present	

what	be	you	Verb tense	
ọgịnị	**na**		eme	What is happening?
ọgịnị			mere	What happened?
ọgịnị	**ka**	ị	**na**-eme	What are you does?
ọgịnị	**ka**	i	bu	What are you carry?
ọg'n	**bụ**	i	meko	What are you does?

Ka is the Igbo auxiliary verb equivalent of "are/do/did"

				Verb tense		
how/what/where	are/do/did	you		do	eat	go
Kedụ (how)	**ka** (do)	ị		me		
Kedụ (how)	**ka** (did)	i	si (through)	me	ri	je
ọgịnị (what)	**ka** (did)	i		me	ri	je
ọgịnị (what)	**ka** (do)	i	ji (use)	me	ri	Je
Ebee (where)	**ka** (did)	i		me	ri	Je

| Chizọba how **did** you not do? |

Chizọba	how	way	you	through	not	do
Chizọba	kedụ	ẹtu	i	si	ghị	me
Chizọba	kedụ	**ka**	i	si	ghị	me

Let ...			Verb tense			
	let	**pronoun**	**do**	**eat**	**go**	**talk**
Chizọba	ka	anyị	mee	rie	gaa	kpaa
gaa	ka	unu	mee	rie	gaa	kpaa
	ka	mụ	mee	rie	gaa	kpaa

Is still doing...

Chizọba	still	is	eating	Obi	would	have	said
Chizọba	ka	**na**	ẹri ńri	Obi	aka		ẹkwu

Does not do.   "It seems like chizọba does not cook."

it	is	being	as	if	that	Chizọba	being	not	cooking
ọ	**na**	adị	ka	ọ	na	Chizọba	**ana**	ghị	ẹsi ńri

It is not done ...(this way)				It does not happen.			
Being	**not**	**doing**		**It**	**is**	**not**	**doing**
Ana	ghị	eme		ọ	**na**	ghị	eme
An'	ịgh	eme		ọ	**n'**	ịgh	eme
Ana	rọ	eme		ọ	**na**	rọ	eme
Ana	ho	eme		ọ	**na**	ho	eme

To do - Ị me

"Do" could be replaced with any verb.

To	do	wash	go	call	chew
I/ị	me	sa	ga	kpọ	ta
I/ị	me	sa	je	kpọ	ta
I/ị	me	sa	ga	kpọ	ta
I/ị	me	sa	je	k'	ta
I/ị	me	sa	ga	k'	ta

I want to do.
Achọ mụ ị me.

Add a **suffix (rọ/ra/lụ/rụ/l'/lr/kọ/ma/ga/ge)** to "achọ" to produce the different dialects. rọ/ro are used mostly when the verb ends with an ọ/o.

I want to...

verb

	seeks	me	to	do	eat	go	talk
A	chọ-rọ	mụ	i/ị	me	ri	ga	kpa
A	chọ-lụ	mụ	i/ị	me	li	je	kalị
A	chọ-kọ	mụ	i/ị	me	li	Je	kalri
E	chọ-lrụ	mụ	i/ị	me	lri	ge	kpe
A	chọ-ga	m'	i/ị	me	ri	ga	kalri

I want to chew.

Persuasive suffixes are used to instruct.			
do more	**eat more**	**go further**	**talk more**
me-**e**	ri-**e**	ga-**a**	kpa-**a**
me-**kwu-o**	ri-**kwu-o**	ga-**kwu-o**	kpa-**kwu-o**

Instruct to do.				Doing (present participle)			a/e/ẹ
do	**eat**	**go**	**talk**	**doing**	**washing**	**going**	**calling**
mee	rie	gaa	kpaa	eme	asa	aga	akpọ
mee	lie	jee	Karịa	eme	asa	eje	akpọ
mee	lio	Jee	kalrịọ	eme	asa	eje	ẹk'
mee	lrio	gea	kpea	eme	esa	ega	ẹk'

- An instruction could be expressed by adding a vowel suffix.
- An action could be expressed by adding a vowel prefix.
- The simple tense could be expressed in different ways in Igbo.

Nkiru **wants** to do

Nkiru choga i me.	Nkiru wants to do.
Nkiru **na achọ** i me.	Nkiru **is wanting** to do.
Nkiru **chọlụ** i me.	Nkiru **wanted** to do.
Nkiru **chọbụlụ** i me.	Nkiru **previously wanted** to do.
Nkiru **achọbago** i me.	Nkiru **has wanted** (sought) to do.

Does (continuous tense)

kene	does	eats	goes	chats
kene	meko	liko	Jeko	Kalrikọ
kene	mega	riga	gaga	Kaga
	(is doing)	(is eating)	(is going)	(is chatting)
kene	na eme	na eri	na aga	na akalri

Continuous tense	Present tense
Kene na-eri oke ńri Kene eats plenty food	Kene na eri oke ńri Kene is eating plenty food

Did (past tense) lụ/rụ/re/ra/r/rị/l'/lị/lr

Kene and I	did	ate	went	talked
Mụ na Kene	mere	rire	gara	kpara

Has done (past participle) la/le/na/ne/go/wo/ma

done	washed	gone	called
meela	Saala	gaala	kpọọla
meena	saana	gaana	kpọọna
mego	sago	jego	kpọgo
mewo	sawo	jewo	kpọwo
mema	sama	gama	kpọma

Kene **has gone** to school. kene **aga-a-na** akwụkwọ.	Kene **has set off** to school. kene **aga-wa-na** akwụkwọ.

Write the **direct English translations**.
e.g. "I salụ" directly translates to "you washed".

Do you?
I me?

you do?

Did you do it?
I melụ ya?

----------------------?

Did you wash?
I salụ?

----------------------?

Did you go?
I galụ?

----------------------?

Did you call?
I kpọlụ

----------------------?

The suffixes lụ/rụ/ra/re/l'/lr/lị/rị
are used to change verb tense to its simple/past form.

I did it = does me it.
Emelụ(/rụ/re/ra/lr/l'/lị) mụ ya.

Nnenna did it.
Nnenna melụ(/rụ/re/ra/lr/l'/lị) ya.

It also acts as an auxiliary.
Come do it **for** me.
Bia mee**lụ(/rụ/re/ra/lr/l'/lị)** mụ ya.

"For" in English grammar is a preposition.
In Igbo about-**maka** is the preposition.
In the example, the function of "for" is performed by the suffixes as auxiliaries.

I know how to...

	knows	me	way	through	doing	washing	going
A	ma-ra	mụ	otu	ẹ si	eme	asa	aga
A	ma-lụ	mụ	ẹtu	ẹ si	eme	asa	eje
A	ma-al'	mụ	k'	ẹ shi	eme	asa	eje
E	me-er'	m'	et'	ẹ shi	eme	esa	ega

"I know the way through which they do/wash/go."

Amara mụ otu ana ẹ si asa efere.

Verb-pronoun-noun-noun-pronoun-compound verb-noun

I do not know. "knowing not me"

	know	not	me	I don't know
A	ma	ghị	mụ	Amaghị m'
A	ma	gh	mụ	Amagh m'
A	ma	ịgh	mụ	Amaịgh m'
A	ma	rọ	mụ	Amarọ m'
A	ma	ho	mụ	Amaho m'

I did not do. "doing not me"

	do	not	me	I didn't do
E	me	ghị	mụ	Emeghị m'
E	me	ịgh	mụ	Emeịgh m'
E	me	rọ	mụ	Emerọ m'
E	me	ho	mụ	Emeho m'

Write contractions for these.

Cooking not me.
Ẹsi ghị mụ.

Going not me.
Aga ghị mụ.

Knowing not me.
Ama ghị mụ.

....

....

....

Calling not me.
Akpọ ghị mụ.

Washing not me.
Asa ghị mụ.

Reading not me.
Agụ ghị mụ.

....

....

....

The suffixes (kwa/a), (kwe/e), na, ne, la, le are used to emphasise the certainty of the instruction. In speech, sometimes "ghị" is omitted when na/la/ne is added as a second suffix.

Do!	Do not!
Me-kwa-a!	Eme-kwa-na!
Go!	Go not!
Je/ga-kwa-a!	Eje/aga-kwa-na!
Speak!	Speak not!
Kwu-kwa-a!	Ẹkwu-kwa-na!
Wash!	Wash not!
Sa-kwa-a!	Asa-kwa-na!
Call!	Call not!
Kpọ-kwa-a!	Akpọ-kwa-na!

	do		not
E	me	kwa	na
E	me	kwa	la
E	me	kwe	ne
E	me	kwe	le

	use		not
Ẹ	ji	kwa	na
Ẹ	ji	kwa	la
Ẹ	ji	kwe	ne
Ẹ	ji	kwe	le

	from		not
Ẹ	si	kwa	na
Ẹ	si	kwa	la
Ẹ	shi	kwe	ne
Ẹ	shi	kwe	le

Emekwana ya. Doing not it.	Ẹjikwana anụ ọkụkọ sie ńri a. Using not meat chicken cook food this.
Ẹsikwana anụ ọkụkọ. Cooking not meat chicken.	Ẹsikwana ebe a nwere pụ. From not place this take out.

Do not.

	do	not	
E	me	ghị	kwa
E	me	na	kwa
E	me	rọ	kwa
E	me	ịgh	o kwe

Do not agree.

	agree	not	
E	kwe	ghị	kwa
E	kwe	na	kwa
E	kwe	rọ	kwa
E	kwe	ịgh	o kwe

*All the verbs below have been used previously in this book, find their meanings and insert the appropriate sentence accordingly. Remember to add a prefix before the verb to make the appropriate verb tense.

Do not be   ------------------

Do not say   ------------------

Do not chew ------------------

Do not go   ------------------

Do not laugh ------------------

Do not stay   ------------------

Negation	Implied meaning in English
O meghị ihe ọbụna taa. He do not thing ever today.	He didn't do anything today.
Ọ bụghị onye Igbo. He is not person Igbo.	He is not an Igbo person.
Ọ dịghị na ụnọ. It is not at home.	It is not at home.
Ọ nọghị na ụnọ. She is not at home.	She is not at home.
Ọ naghị akụ aka. He is not knocking hand.	He is not clapping/knocking.
Ọ kaghị i bia ta. She was not to come today.	She should not have come today.
Ọ gaghị aga. She will not going.	She won't go.
O jighị ahụ. She hold not body.	She is ill.
O sighị na ụnọ. He from not at home.	He hasn't come from home.
O nweghị ego. He have not money.	He doesn't have money.
Achọghị mụ ya. Seeking not me it.	I don't want it/I didn't look for it.
Ẹkwughị mụ ya. Saying not me it.	I didn't say it.

To have - I nwe

Nwe- have (possess)

Nwe-**te** – get. / Nwe-**re** – take. / Nwe-**te-e-re** – brought.

O nwe-**re** - there had. E nwe-**re** – there has.

Onye nwe - who have (has)? / Onye nwe-**e-re** – who took?

Enwe mụ- having me (I have).

I **have** food.

E-**nwe**-(re/ra/lụ/lr/l'/lị/ma) mụ ńri

directly translates to...

Enwere mụ ńri – has me food.

Compare word and phrase meanings.

Can you distinguish between a suffix and an auxiliary suffix?

Note; "take - nwe-re" means "have for".

Emeka **goes** to market. - Emeka **jega** afịa.

Emeka **will still go(going)** to market. - Emeka **ka ga eje** afịa.

Emeka **has gone** to market. - Emeka **ejego** afịa.

Emeka **has set off** to the market. - Emeka **ejewego** afịa.

Emeka **has set out for** the market. - Emeka **ejewalụgo** afịa.

Emeka **set out for** the market. - Emeka **jewelụ** afịa.

Emeka **went to** market.- Emeka **jelụ** afịa.

Emeka **can** repair it. – Emeka **nwereike** i mẹzi ya.

Emeka **bring** food **for** me. – Emeka **nwetere** mụ ńri.

Emeka **has (had)** money. – Emeka **nwèrè** ẹgo.

Emeka, **take** money. – Emeka, **nwere** ẹgo.

Emeka **wants (has sought)** to leave. – Emeka **achọbago** ị na.

Emeka **wait for** me. - Emeka **chelụ** mụ.

Emeka wait for **a moment**. – Emeka chelụ**godị** (**wodụ/kwa/kene**).

I can...	has	me	strength	to	verb: do	verb: go	verb: write
E	nwere	mụ	ike	i/ị	me	ga	de
E	nwelụ	mụ	ike	i/ị	me	je	de
E	wel'	mụ	ike	i/ị	me	je	de
E	welr'	m'	ike	i/ị	me	ga	de

In Igbo "i/ị" usually precedes a verb, it either means "to" or "you". When "i/ị means "to", any verb it precedes is known as an **infinitive** i.e verb in its basic form. You will often find i/ị and the infinitive written as one word e.g "ịba" "to permeate". This is confusing because the infinitive marker is not a prefix and its function is to allow the verb its independence. There is a difference between the intention and, the reaction of the verb. The reaction of the verb "ba", "ịba" means permeation of nervousness (fever).

> She is waiting **to** enter the house because her mother has a fever.
> Ọ na eche **ị** ba ụnọ maka na ńne ya nwere iba.
> ___
> **You** seek **to** go, go through this way.
> **Ị** chọ **ị** ga, si ẹtu a.
> ___
> When **you** finish **you** let me know.
> **I** mechaa **i** mee ka mụ malụ.

"**To**" also appears as a suffix just like "for". They have very similar functions and are represented by the same auxiliary suffixes (**re/ra/rụ/lụ/lr/l'/lị/ma**).

	verb	suffix	to	them
go	ga	kwu	**lụ**	ha
came	bia	kwuta	**lụ**	ha
take	nwe	ga	**lụ**	ha
bring	nwe	ta	**lụ**	ha

I have done...

	done	seen	heard	washed	gone	me
E/A	meela	hụla	nụla	saala	gaala	mị
E/A	meena	hụna	nụna	saana	gaana	mụ
E/A	mego	fụgo	nụgo	sago	gago	mụ
E/A	mewo	whụwo	nụwo	sawo	jewo	mụ
E/A	mema	whụma	nụma	sama	jema	mụ

A suffix (**go/la/na/wo/ma**) is attached to the verb stem when **have** is an auxiliary verb.

Have you done it? - I me(go/la/na/wo/ma) ya?
I have heard. - Anụ(go/la/na/wo/ma) mụ.
Have you seen it? - I hụ(go/la/na/wo/ma) ya?

I have been...

	go		me	place	that
A	ga	tụgo	mụ	ebe	ahụ
A	ga	nụgo	mụ	ebe	afụ
A	ga	tụla	mụ	ebi	ahụ
A	ga	tụna	mụ	ebe	anwa
A	ga	nụwo	mụ	ibe	n
E	je	nevwo	mụ	irlio	
E	je	ṭ'nevwo	mụ	ńk'	ọm'
E	je	n'ma	mụ	n	ọọgh
E	je	wo	mụ	ńk'	ọọgh

80

I have not.

verb

	do	cook	find	have	not	me
E/Ẹ/A	me	si	chọta	**be**	**ghị**	mụ
E/Ẹ/A	me	si	chọta	**be**	**rọ**	mụ
E/Ẹ/A	me	si	chọta	**be**	**họ**	mụ
E/Ẹ/A	me	shi	chọta	**vụ**	**ịgh**	mụ

"I have not found it – achọtabeghị m ya"

I have never gone there.

	go	never	not	me	place	that
A	ga	tụbe	ghị	mụ	ebe	ahụ
A	ga	nụbe	rọ	mụ	ebe	afụ
E	je	nev	ịgh	mụ	irlio	
E	je		ịgh	mụ	ńk'	ọọgh

Ẹsitụbeghị mụ ńni a ḿbụ. Cooking, never not me food this before.	Ẹsitụbeghị mụ ụzọ a ḿbụ. Through, never not me road this before.
"I have never cooked this dish before."	"I have never gone through this road before."

I have never eaten this. Ẹ-**ri**-tụbe-ghị mụ ihe a.	I have never washed this cloth. A-**sụ**-tụbe-ghị mụ akwa a.

I have never been here before.
A-**bia**-tụbe-ghị mụ ebe a ḿbụ.

The entire word is hyphenated to show the
Prefix-verb- and suffixes. The verbs are highlighted.

	will	me	Verb tense — do	wash	go	write
A	**ga**	mụ	eme	asa	aga	ede
A	**ya**	mụ	eme	asa	aga	ede
E	**je**	mụ	eme	asa	eje	ede
A	**k'**	mụ	eme	asa	eje	ede
E	**ke**	m'	eme	esa	ega	ede
E	**ge**	m'	eme	esa	ega	ede

I **will** not.

	will	not	me	Verb tense — do	wash	go	write
A	**ga**	ghị	mụ	eme	asa	aga	ede
A	**ga**	rọ	mụ	eme	asa	eje	ede
A	**ya**	rọ	mụ	eme	asa	aga	ede
A	**k'**	ịgh	mụ	eme	asa	eje	ede
E	**ke**	ho/hụ	m'	eme	esa	ega	ede
Ḿ	**ma**	ń		me	sa	ga	de
Ń	**ya**	lọ		eme	asa	aga	ede
A		họ	mụ	eme	asa	aga	ede

Evil	would have		happening	today
Arụ	**ga** (will)		ịme	ṭaaṭa
Alụ	**a-ka**		eme	taata
Alrụ	**ga-a-ra/ka-a-lụ**		eme	ṭaaṭa

Conclusion

I approach Ìgbò writing from a phonetic perspective, hence all my books are written with an informal phonetic contraction as opposed to standard Ìgbò grammar. This is done in order to encourage the reader to pronounce the words as close to as it would sound in speech. I have researched this methodology and have found it to be quite effective, such that children who cannot speak Ìgbò can read it with utmost ease.

Sometimes, I write disjointed words or phrases to emphasise and highlight the meaning of the word for the purpose of easy translation. For instance
"I mego" - I me go – you have done.

Bye - :

Ka ọ dị	ka emesia	diwa ḿma
Let it be	Lets, afterwards	Keep being good

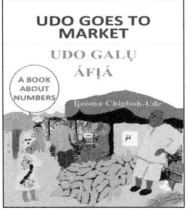

Printed in Great Britain
by Amazon